JN410418

# 길은 헐렁한 자루 같다

만인21세기포엠아트2

# 박진형 시선집 ■ 길은 헐렁한 자루 같다

## 시인의 말

*

다섯살 무렵 어머니를 따라 들판으로 나갔다. 지지리도 궁벽하던 시절. 갓 돋은 봄쑥을 뜯으러 갔으리라. 어머니는 저만치에서 쑥을 뜯고, 나는 혼자 흙을 만지며 놀았다. 문득 하늘 높이 떠 있는 종달새 소리에 그만 넋이 빠졌다. 허공 속에 붙박혀 노래하던 종달새의 기억, 자유와 구속, 그 까마득한 허공의 자리에서 비로소 시(詩)가 태어난다는 사실을 갑년의 늦가을에서야 비로소 깨닫는다.

*

한창 혈기왕성하던 20대 초반의 문청시절, 박양균 시인을 따라 향촌동 골목 안 허름한 식당으로 갔다. 점심을 시켜 두고 선생은 "박군, 자네 시 쓰지 말게나. 요즘 시를 귀걸이처럼 달고 다니는 사람들이 너무 많으니까 말일세". 나는 순간 뜨악해졌다. 이 무슨 뜬금없는 선문답이신가. 그러고보니 아득한 시간 너머 선생도 이승을 버리셨고, '시 쓰지 말게나' 이 공안(公案)을 붙들고 버텨온 세월이 어느새 마흔해 가까이 된다. 이제야 시를 써지 말라고 하신 뜻을 어렴풋이 알 듯도 하다. 나는 과연 목숨보다 더 소중하게 시를 받들고 살아왔던가.

*

자전 연보(自傳 年譜)를 쓰면서 파란만장 내 생을 들여다본다. 등단 30년, 다섯 권의 시집에서 가려뽑은 『길은 헐렁한 자루 같다』 속에 〈낡고 오랜 거기/시의 알 낳으려 끙끙거〉렸던 가련한 흔적이 고스란히 담겨 있어 눈물겹다. 그러나 어쩌랴. 옹알이와 배밀이를 시작한 두벌꽃 범준이가 헐렁한 자루 같은 길을 오래 걸어온 고단한 몸에게 다시 말을 걸어주었다. 그리하여 수고로운 시여, 또다시 새롭자.

2014. 11.
余山詩室에서

## 차 례



## 몸나무의 추억

차 례

## 풀밭의 담론

차 례

## 너를 숨쉰다

## 퍼포먼스

차 례

## 풀등

# 몸나무의 추억

# 길 속에서

길은 헐렁한 자루 같다
세상 어딘가에 한쪽 끝이 묶여 있다
가로수가 촘촘히 늘어선 길 옆 초가집은
저녁밥 짓는 실연기를 피워 올리고
하늘은 공손하게 받아들인다
아이들은 길 속에 놓여 있고
새들은 날기를 그만 두었다
일렬로 늘어선 가로수가
아이 뒤를 줄레줄레 따라 가고 있다
주둥이가 묶인 자루 속에는
먼저 간 새와 뒤에 올 아이들이
천진하게 얼굴을 맞대고 있다

# 저녁숲

무서움을 숨기고 천천히 걸어서
숲속으로 들어갔다, 나무들이 우우
토해내는 소리에 숲이 흔들린다
개개의 나무가 흔들리는 것이 아니라
몸 전체로 숲이 기우뚱한다, 나도 천천히
따라 흔들리며 숲속으로 걸어 들어가다
길을 잃는다, 신록의 아이들이
저두요 저두요 팔을 치켜든 채
단순하지 않은 마음의 길 하나를
보여주곤 한다, 그러나 저녁숲은
컴컴하게 닫혀 있다

## 눈

눈은 페인트공장 검은 담벼락을 순백으로 도금해 내고 야적장 빈터에 물구나무 선 나무의 여윈 혼을 더욱 여위게 한다 흰 복면의 사내들이 느닷없이 어린 누이의 손목을 끌고 간다 마음이 가난한 나무들은 가만가만 슬픔의 현을 흔들고 임의동행 당한 누이의 속살은 졸음에 겨워 한풀 한풀 벗겨져 나간다 사소한 사건 하나쯤 단숨에 지우는 눈은 휘발성이 강하다

## 검은 숲

나는 한때 숲은 컴컴하게 닫혀 있다,고
노래한 적이 있다 이 말은 적확하지 않다
숲은 컴컴하게 열려 있다,고 다시 고쳐 말하련다

몽둥이를든사내하나가겁에질린개를끌고숲으로들어가고그뒤를느릿느릿다른사내가부탄가스를들고따라들어가고나무가온몸을비틀어짜내는음울한소리가숲에서들린다위장을확뒤집는어떤광기가어떤살의가바람에실려나온다노을을배경으로선저녁숲으로사내들이허옇게버캐낀입술을쓰윽손으로문지르며걸어나오고사마귀는제몸집보다큰사마귀를머리째바수어먹는다

숲에는 아무도 얼씬거리지 않는다
개는 추악한 몸뚱이를 끌고 마을을 쏘다닌다
숲은 희게, 혹은 검게 달빛에 드러나는
은사시나무 벗은 몸을 추억한다

추악하다와 추억한다 사이
악과 억 사이를 오가는 나는
컴컴하게 열린 숲을 가끔 들여다볼 뿐이다

# 노랑지빠귀는 어디?

눈매 고운 누이는 왜, 밤을 도와 월강했을까 쩡쩡 금간 소리 가슴에 그어두고 오라에 묶인 마음 밀쳐두고 북국의 눈발 속을 왜, 맨발로 걸어갔을까 물살에 뼈가 깎이는 어둠 속을 선걸음으로 누이는 낯선 새벽에 닿았을까 몇 가닥 시든 풀뿌리 움켜쥐고 부끄럽지 않은 울음 속내로 울었을까 겨울밤 속을 혼자 월강하던 누이는

눈 내린 자작나무숲으로 날아간
노랑지빠귀는 어디?

# 벼랑에서

그러자 아름답게 캄캄해졌다
—라이너 쿤체

한발 한발 비탈로만 기어오르던 나무들
우두커니 서서 잎 다 지워버리고
몸 속에 은밀히 숨겨 두었던 초록잎들
무수히 꺼내어 수화를 보낸다, 단순한
말을 지우고 슬픔의 뒷면 눈여겨보면서
공기 속을 둥둥 떠다니는 저 녹슨 말들의
물방울. 헐거운 나뭇가지를 타고 곳곳에
검붉은 반점 퍼뜨린다, 불온하게
박제된 별들이 허공에 점점이 박혀 있고
언 땅 위에 스스로 뿌리를 내려놓은 나무들
벼랑에 외롭게 버티고 서서 꿈꾼다

겨드랑이에 날개가 돋기 시작한 나무들이
하나 둘 이 땅을 떠나버리자
세상은 아름답게 캄캄해졌다

# 하늘길

수수밭에 들면 바람이 불지 않아도 서걱서걱 살울음소리가 난다 일렬로 줄지어 선 목이 없는 가을 순교자들 포승에 엮인 채 줄줄이 하늘길 가고 있다 얼굴이 지워진 그대들의 이름이 하나하나 새벽별이 되어 떠오르고 그대들의 뼈를 스쳐나온 저 음울한 울음소리 따라 지상의 모든 길이 하늘로 뻗어 있다 이 부끄럼뿐인 땅 위에서 목이 없는 수숫대 위에 내 목을 얹고 서걱서걱 순교의 살소리 따라낸다

# 어린왕자를 추억함

남들이 다들 학교에 다니던
열일곱의 나이, 내 생의 構文은
原絲工場 지잉징 달아오르는
기계소리에 갇혀 밤샘하면서
어린왕자의 형형한 눈빛을 꿈꾸었지.
이름 지을 수 없는 소혹성
밀밭 곁으로 바람이 지나가고
더듬거리며 말을 걸기 시작한
어린왕자는 쓸쓸한 풍경으로 다가왔다.
활달하게 돌아가는 톱니바퀴에 맞물려
감성의 한때는 으깨어지고
내가 기르는 內省의 뜰에는
고분고분 길들지 못한 장미꽃들
상심의 가시를 달고 서 있었고
먼지 낀 기숙사 다다미방에 엎드려
책장마다 꿈틀거리는 글귀 위에 방점을 찍으면서
검정고시를 준비하던 그해 겨울.
핏줄마다 두근거리는 씨눈을 감춘 채

원사 몇 가닥으로 꼬여 나오는 말들,
밤참을 먹으러 가는 식당길에는
푸푸 연신 푸념을 뿜어대면서
스팀 라인이 지나가고
보리떡 두 개와 물고기 다섯 마리를 기다리던
손시린 겨울 새벽, 기름기 절은 작업복 위에는
단추 떨어진 시간도 꽂혀 있었고
살결이 드러난 여공들의 하품소리가
천원 미만의 눈발이 되어 붐비고 있었지.
외로움으로 뒤척이며 밤새운 원사공장
퍼렇게 살아오르는 산소용접기 불꽃 속에서도
열일곱 내 목마름은 녹아나지 않은 채
핏줄마다 두근거리는 씨눈을 감추고
小惑星의 끝으로 나아가고 있었다.

# 몸나무의 추억

나는 꽃 피는 몸나무이다
한 번도 꽃 피지 않은
몸나무의 추억이다

새로 어린 나무를 옮겨 심은 뒤
물을 뿌리며 나도 꽃 피던 몸나무인가
딱딱한 껍질을 초록 이빨로 깨물어
연한 기쁨의 상처를 만드는
나무는 즐거울거야. 내 몸도 덩달아

잎 밀어낼거야. 수돗물에서
외눈박이 도깨비들이 투당탕
튀어나온다, 없는 손마다 페놀방망이
수은방망이 납방망이 카드뮴방망이를 들고
닫힌 집들의 창자를 요란스레
두들기고 다니는

몸이 가렵다, 부스럼딱지가 숭숭 돋고

손톱이 할퀴고 간 꽃 진 자리마다
희디흰 거품 피가 묻어난다
마음의 문고리를 흔드는
한때 꽃 피던 몸나무의 시절은
六角水의 집인가

무지막지한 시간에 屍姦 당한
쿵쾅 도깨비가 뛰어다니는
봄에도……꽃 피지 않은……몸나무는
꿈꾸는 힘으로 버팅긴다

# 빈집·1

햇빛이 집 한 채를 샀다
돌쩌귀가 떨어진 문짝이 펄럭이고
몸이 시커먼 푸새가 처마 밑에서 기어나와
지붕 위로 포릉, 옮겨 앉는다
회칠한 담벽에 붉은 스프레이 글씨로
〈주인 외출중〉 꿈틀, 지렁이가 기어간다
불 지핀 지 오랜 아궁이에
금간 사기그릇에 들러붙은 파리가
입 다실 것이 없어 닝닝거린다

먼 길 갔다 돌아온 사람 하나
빈집의 기억 속으로 들어가 송곳으로
제 불운의 눈알 찔러 버렸다
홀로 집 지키던 감나무가
노을에 목을 매단 저녁

# 빈집·2

梅一生寒不賣香

휘어진 골목 끝에 달린 그 집
녹슨 물고기 자물쇠가 굳게 입 다문
익모초 쓰디쓴 기억이 고여 있는 그 집
침 발라 꾹꾹 눌러 쓰던 몽당연필 같은
비루먹은 세월을 견디는 그 집
매화는 일생 향기를 팔지 않는다고
온기 없는 구들장에 등짐 지고 누운
할아버지 마른 기침소리가
부러진 매화나무 등걸에 뒤섞여 핀 그 집
顯祖考處士府君神位
할아버지가 놓친 이승의 하늘에
녹슨 물고기 다 풀어주고
불타는 그 집

# 황칠나무

가을숲에는
아무에게도 들키지 않은
황칠나무 숨어 있지요

깊고 가파른 어두운 산길 더듬어 올라가면
거기 훤칠한 황칠나무 바람이 불 때마다
기진한 잎 뒤척여 흠집투성이
제 몸 가만 들여다 봅니다

나무를 감고 오른 칡덩굴 죽어 있었지요
거친 욕망이 잠시 감고 간 흔적 선명합니다
누군가 내 몸에도 흠집을 냅니다

노랗게 황칠한 먹감나무 문갑이 숨겨 놓은
어둡고 깊은 세월의 속결 보입니다

상처도 제 갈 길 따로 있나 봅니다

# 수리부엉이

돌 속에 박혀 있는
분노를 삭인 저 눈
천사는 전신이 눈으로 되어 있다는
시인의 말은 참말이 아니다
천사의 눈은 외눈박이다
눈 지그시 감은 저 외눈박이
검은 돌은 수리부엉이다
한밤중에도 잠자지 않고
내 잠의 정수리를 파먹는
조용히 고통을 거쳐온 자의
분노를 삭인 그윽한
빛나는 저 눈

## 鳴石

돌을 자식보다 이뻐한 사람이
鳴石 하나를 가슴에 보듬고 살았다
그믐이나 보름날 밤엔 어김없이
놋대야 가득 물을 채우고
순순히 돌을 울렸다

물 속에 고스란히 몸 담근 돌
물방울 빨아들여 뽈뽈뽈
눈물 튕겨 울리며
온몸으로 우는 돌

울음에도 형식이 필요하다

스스로 울어서
길을 만드는 돌

전신에 외롭게 박혀 있는 숨구멍으로
세상의 슬픔을 빨아들여
온몸으로 우는 돌이 있다

# 돌꽃 피네

流川에 가서 보네
골짜기로 굴러 내린 흰돌에
점점이 박힌 절정의 꽃,
돌의 중심에서 화안히 번져 나오는
먹물 듬뿍 찍어 푹 치다 만
墨菊의 부신 파찰음

가을에는 마음이 헤퍼져서
그대를 사랑한다 사랑한다 하며
그대의 살 속으로 들어가
선연히 피워내는 저 기막힌
절망의 꽃 한 송이

# 봄산

누구에게도 마음 열지 않은 산이 숨겨 둔
옹당못, 옹당못이 숨겨 놓은 하늘, 하늘이 숨겨 놓은
연둣빛 구름, 구름이 숨겨 놓은 청둥오리떼가
아아, 일제히 손뼉치며 날아오른다

꽃 피는 봄산에 들어 문득 길 잃고 헤매는
한 소년을 끌고 어디로 날아가나
저 청둥오리떼

풀밭의 담론

# 머리를 구름에 밀어넣자

마음이 컴컴하게 저물 때
머리를 구름에 밀어넣자
결사적으로 밀어내어도
냅다 구름에 밀어넣자

멍한 머리가
흰구름 빨아들여
冬蟲夏草가 될 때까지

# 밥經

식구들의 밥줄을 끌고 출근을 서두른다
구십년식 엑셀의 가속 페달 밟으면
툴툴거리다 서다 다시 기어간다
산업도로를 따라 금호강 건너
망우공원 고갯길로 접어들자
백밀러에 구름이 쏟아져 들어온다
신호등에 막힌 길 위로
방죽에 늘어선 포플러가 걸어 나가고
꽁무니 문 밥줄들 납작 엎드려 있다

초록 구름 겹겹
포개져 흐르는 숲 위로
밥 빌러 가던 마음도
잠시 방생한다

## 저녁밥처럼

뜯어먹다 만 구름이 저문 하늘에 떠 있다
중절모 쓴 사내는 짐자전거 뒤에 양철 다라이 붙이고
며칠째 길모퉁이에 서 있다 가끔 생각난듯
흰설탕 떠넣고 열심으로 페달 밟는다
아이가 젓가락에 감긴 분홍빛 속살 뜯어먹는 저녁
가슴에 띠 두른 한 무리 아낙들이 지나가고
허물다만 담벼락 아래 먼지 뽀얗게 뒤집어쓴
국화는 목침만한 꽃 달고 낑낑거린다
저문 하늘에 아이가 뜯어먹다만 구름이 떠 있다
불어터진 추억의 저녁밥처럼

## 풀밭의 담론·1

빈터에 구름이 구두점 찍는다
빈터란 본래 없는 법, 어느새
풀밭의 談論 퍼질러놓는다
쇠뜨기 달개비 개망초꽃 방가지똥 여우꼬리풀
잡동사니 마음 다 풀어놓는다
구두점과 구두점 사이
들쥐도 땅강아지도
집을 지었다

풀잎의 이슬감옥에도
슬쩍 거지아이가 갇힌다
풀무치가 이슬 안을 들여다보다
아이와 눈이 마주 친다
나를 쫓아낸 놈이 너지! 너지!
눈 모로 뜨고 면박준다

풀무치 큰 눈에도
연분홍 구름떼 그렁그렁
구두점 찍고 있다

# 풀밭의 담론·3

빈터에 금방
쇠뜨기가 집을 지으니
제 몸보다 천 배나 큰
송장메뚜기 끌고 가던 개미
가는 허리로 날벌레를 생으로 씹는다
가끔 구름이 감당하지 못할 그리움으로
풀밭에 슬쩍 엉덩이 내려놓는다
엉덩이 내려놓은 풀밭으로
아이가 가지고 놀던 구슬이
흙에 묻혀 있다

新生의 빈터에 몸 숨긴 저 영롱한
이슬 하나 녹슬지 않는다

# 풀밭의 담론·4

지붕 위로 올라간 사내는
용마루 끝에 두 팔 벌리고 서 있다
겨드랑이에는 퇴화한 날개의 흔적 뚜렷하다
하늘을 이불 삼아
물구나무 서서 달 쳐다본다
둥글어 슬픈 달

굴렁쇠 굴리던 사내가
《야 새끼들아 잘 먹고 잘 살아
하늘에다 대고 연신 삿대질해쌓는다
잠 뒤척이던 풀잎은 땅 위에
다시 몸 내려놓는다

# 풀밭의 담론·5

풀밭은 다만 풀밭의 담론을 퍼질러놓는다
자신이 만든 담론 속으로 개미가 기어간다
가는 허리에 명주실이 묶여 있다

소방차가 물호스로 쏴아 뿌려댄
팅팅 불은 펜트하우스지
벌거벗은 여자가 찔끔 햇살에 찔린다
활자와 활자 사이
코끼리가 무거운 몸 끌고 간다
풀과 풀의 행간 사이
성냥팔이 소녀도 지나간다

풍매화가 빈터에
초록 물감 다시 엎질러놓는다

# 소릿길

몸이 마음을 버릴 때
베란다에 내어놓은 두메양귀비 핀다
연노랑 꽃등이 나를 가만 흔들다가
천구백사십년의 리화둥선에게 데려간다

모시나비는 거미줄에 날개 찢긴 채 울고 있다
복각판에서 찍찍 풀려 나오는
저 소리는 羽化다

소리로 세상을 촘촘히 읽다니
두메양귀비 곁에서 소리와 몸바꾼
그대 빈몸 껴안고 울며 지샌 밤이 있다
그런 밤에는 내 마음 한 가닥
팽팽하게 잡아당겨
청둥오리떼 날아간다

청둥오리 가는 길
몸이 마음을 버리고 登仙하는
저 소릿길

# 낡고 오랜 거기

좀벌레의 집은 책이다
어둠에 이끌려 뒤적인 다닳은 문맥은
세상으로 건너가는 極地다

한 사내가 생의 그늘까지 다 바친
마음의 經板, 글자와 글자 사이
세든 좀벌레 일가.

밥 먹고 줄줄이 새끼 까고
상형의 늑골 파먹고 빈둥거리다
화등잔 눈으로 세상을 읽는다
읽는다니 다 갉아먹는다

갉아먹다만 글자가 굴러다니는
낡고 오랜 거기
시의 알 낳으려 끙끙거리는
가련함이여!

# 말을 걸다

아이가 나비에게 말을 걸면
나비는 동백꽃에게 말을 걸면
동백꽃은 새에게 말을 걸면
새는 만도린 켜는 처녀에게 말을 걸면
처녀는 꽃을 문 물고기에게 말을 걸면
물고기는 연꽃에게 말을 걸면
연꽃은 희맑은 이슬에게 말을 걸면
말을 걸면 한 천년 입 꽉 다문
저 납덩이 바위도 그만
화들짝 꽃피우고 싶은 봄날

종일 심심한 매화나무는
헛둘헛둘 팔굽혀펴기한다
열심으로 몸 들어 올릴 때마다
옆구리가 터진 폭죽향은
금간 마음 깁고 있다

# 초록 마을

하늘님 몰래
天桃 훔쳐먹은 새가
붓을 물고 날아다닌다
심심해서 쓱 그으면 초록 마을이 생기고
한번 쓱 날아가면 복사꽃 환한 세상이다
가끔, 낡은 종소리가
봄눈에 뒤섞여 내리는 한낮
동백꽃 속에 만도린 켜는 소녀가
얼굴 붉히곤 한다

땡감 가슴을 한 물고기가
복사꽃 물고 천천히
이승 쪽으로
오고
있다

# 어머니이신 나무여

마음 어둑어둑 저물어
적천사 은행나무 보러간다
눈물이란 눈물 다 주어버리고
노래란 노래 다 주어버리고
지상에 빈몸 정갈하게 묶어 둔
어머니이신 나무여
침묵의 끝에 닿으면
오, 내 새끼 이제 오냐
다정스레 품어주는 어머니여

너는 나무의 딸
나는 나무의 아들
허섭쓰레기 몸 다 버리고
너는 너의 어미나무에게로
나는 나의 늙은 어미나무에게로 들어가
두 손 맞잡고 서서 잠드는
늦가을 저녁 한 때여

## 눈물

팽나무 아래
늙은 어머니는 늘
그렇듯 서 있었다

저문 곳 떠돌다 오는
아들을 위해 따슨 밥 한 그릇
가슴에 묻어 두었다

어머니의 눈물이
저문 세상 떠돌다 온
부르튼 발등 씻어 주었다

어머니를 위해
나는 별로 울었던
기억이 없다

## 후생의 봄밤같은

쌀 몇 섬 다 부려
고봉밥 허드러지게 퍼담아놓은
이팝나무 아래 서 있는
그런 밤이 있다

비오리 꽃댕기머리
너를 기다리는
내 後生의
그렁그렁 눈물 매단

어느 캄캄한 봄밤이
또, 와 있을 것인가

이팝나무 환한 꽃그늘 같은

## 구름책

한사나흘 죽어라
장대비 내리퍼붓더니
하늘은 심심한지
구름책 펼쳐든다
언제 그랬느냐는 듯
갈피마다
순백의 속살
환히 드러낸다
침 발라 꾹꾹 눌러 쓴
흐린 연필 자국
구름은 얼굴 찡그리다
그만 둔다
가끔 구름에 세들고 싶은
내 마음도 얼핏 비치다
그만 두기로 한다

# 구름과 놀다

소금쟁이 하나가
심술궂게 휘젓다 간
수면의 주름살 펴려고
호수는 제 속을
가만 들여다본다
고통이며 선물인
구름 껴안고
놀면서

너를 숨쉰다

# 夢舞

간밤 꿈 속에서 시인 김춘수가 때때몸을 하고 어린 광대들 앞에서 초랭이춤 추어 보이고 있다 머리에 질끈 수건 동이고 춤은 이렇게 이렇게 추는 거라고 한 쪽 다리 삐딱하게 들었다 내려놓으며 연속 동작으로 보여주곤 한다 한 열흘쯤 기른 수염 단 초랭이 얼굴을 하고

# 감자꽃과 소녀

*

밀레오레 8층
잉카문명전에서
나무로 만든 한 소녀가
쪼그리고 앉아 오줌 누고 있다
쫙 갈라진 틈서리로
안데스산맥 집어삼킨
강물 왈칵 쏟아진다

**

쪼그려 앉은 소녀의
목을 감고 흘러가던 강물
어느새 몽고반점이 들었나
푸른 잎 위에 오똑하니
자주빛 멍울 얹어두었다
감자꽃이 피었다는 사실을
허공이 받아들였다
금세 내려놓는다

검은 이불 속으로
발 들여다놓은 감자는
탱탱 젖가슴 쉼없이
서쪽 하늘로 옮겨 다 놓고 있다

# 블랙홀인 너에게

허블망원경으로 들여다 본
無極 우주, 9천 광년이나 떨어진
전갈자리 부근 실금 간 늙은 별들
블랙홀 속으로 빨려 들어간다
바다모를 회오리눈이 삼켰다 내어놓은
수십억 개의 超新星

블랙홀의 정령인 너
200억 뇌세포와 60조 체세포
하나하나에 지끈지끈 숨결 불어넣는다
네 속으로 쉼없이 빨려 들어가
비로소 폭발하며 샘솟는
떠돌이별인 나

# 몸經인 너

너를 내 안에 구겨넣고
부시럭거린다 한 백년쯤 부시럭거리다
내어놓으니 내 몸이 유등 연지다

삼천대천 물 속에 다 잠그고
달그락거리는 연밥처럼
몇 생을 걸쳐서도 다 읽지 못할
몸經인 너

두 손 감싸쥐어도
노래가 빠져나간
붉디 붉은 울음의 流燈 켜 들고
너는 거기 오래 서 있다

# 게으름뱅이 독서

소나무 떡판 위에
좀벌레가 파먹다 만 글자들이
삐뚤빼뚤 길 내고 있다

우레와 햇살에 눈 찔리며
쉼없이 흘러가던 구름 따라 읽으며
폭설에 우지끈 팔 내어주고
관솔 깊이 숨겨둔 琥珀文字

백년도 넘게 읽다 덮어둔
덮어두었다 다시 꺼내 송곳으로 밑줄 친
여럿 달겨들어 번역해내어도
해독되지 않은

침침해진 눈으로
침 발라 오오래 책장 넘기는
게으름뱅이 책벌레 있다

# 초록앵무새

칠레 산티아고 아이의
더부룩한 머리 위에
초록앵무새가 섬으로 가라앉는다
스멀대는 서케 쪼아대다가
태엽 감은 고독한 부리로
세상의 허기진 노래 굴리고 있다
눈망울 굵은 아이가
액자 밖의 나를 빤히 쳐다보는
그 곁, 촐싹대는 어린 바다가
종일 수평선 들고
벌 서고 있는

# 艾字에 대하여
## —뿔 1

艾年이란 글자는 눈물겹다

이초* 시집 교정을 보다가
애자를 처음 알았다, 애년이 쉰이란 걸
숨가삐 고개까지 오르면서도 몰랐다니!

초두 변 아래
쑥대머리 아비의 감발에는
진창길이 널려 있다

진창 뚫고 뾰족뾰족 새로 돋는
약쑥의 희여멀건 눈물의
뿔, 뿔이 돋는

*耳艸는 박기섭 시인의 호

# 봄밤의 별사

얼음 위에 댓닢자리 보아*
사향 각시 안아 눠여
藥든 가슴** 깍지 끼고
얼음장 아래 한 덩이 돌로
속절없이 속절없이
가라앉을지라도
뼈와 살 죄다
물고기밥 될지라도

왕버들 속닢 환한 봄밤에
맑디 맑은 살노래로
깨어날 수 있다면

---

*만전춘 별사에서
**쌍화점에서

# 정중하게 사양합니다

더러운 폭탄이 어디 있겠어요
하늘이 깨끗하다는 말은 유효하지만
인간이 만든 탐욕덩어리에
깨끗하다 더럽다 이런
형용사가 어울리기나 하겠어요

양귀비꽃보다 수수꽃다리
까마귀보다 비단결 꾀꼬리
어쩌구 저쩌구하는 말은 사절합니다
앙증맞다는 말만 무사 통과시킵니다

탐욕으로 쏘아댄 폭탄 때문에
운동장만한 연못이 생겨난다면
멧비둘기 해오라기 원앙새 소쩍새 오색딱따구리 팔색조
구슬댕댕이 물앵두 섬백리향 댕강나무 누리장나무
소금쟁이 미꾸리 각시붕어 금강모치 납줄갱이 황쏘가리

등 푸르른 강물도 덩달아

소문없이 죽어나가겠지요

나는 오늘
깨끗한 폭탄이란 말을
정중하게 사양합니다

# 너를 숨쉰다

*

왜,왜,왜,
나무가 시를 중얼거리나
아랫도리 흰 광목천 감고
어느새 제 등짝에
무수한 노래의 칼집
새겨 두었나
뜬눈으로 지샌
시의 혓바닥 날름
날름거리나

*

그리움이 마중 나가
너를 맞는다
내 생의 幕間에서
시로 너를 빚는다
머리에서 발 끝까지
삘기향으로

*

언어의
자궁 깊숙히
코 들이밀고
너를 숨쉰다
흡, 흡, 흡
숨이 막혀서
—오, 詩醉여

햇살에 들키지 않은
분홍빛 유두에 샘솟는
애릿한 初乳에 맺힌
오, 시여

*

너는
내 안에서만
꽃 피는

자유이며 요단강
갈릴리바다이며 평화
눈물의 지층에 반짝이는
흑요석이니
너는 내 안에서만
숨쉰다

*

부싯돌 꺼내어
마른 가슴 탁 치니
언어의 불꽃이 튄다

번개여 금강석이여 사리여 우레여 소낙비여 해일이여 지진이여 동백이여 처용이여 눈물이여 문둥이여 근친상간이여 자웅동체여 송구영신이여 죽음이여 무지개여 자유여

아, 초극의 사랑인 시여

*

한밤에 일어나 끙끙 시 앓는다
풍경 속 풍경 만드는 사랑도 있나니
불 켜면 연옥, 마음 끄면 지옥
캄캄 절벽 밀고 가는
가련함이라니

*

만월 아래
희디흰 자작나무 정수리에
푸르른 도끼날 박혀 있다

그 어떤 도끼로도
빼갈 수 없는
여의주 속의 여의주

절대언어인 너

*

목이 휜하게 파인
분홍 쉐터 속
희디흰 살결
릴리향 속으로 도망 간
젖가슴 위에 얹힌
까만 점 하나
굴뚝새 콧등에 찍힌
희디흰 점 하나
연지 찍고
제비꽃 입술 달싹이며
밤마다 온몸 열고
어디쯤 가고 있니

*

소금쟁이꽃
속에, 반쪽인 얼굴

한밤에 너는 없고

반쯤 접었다 펴는
소금쟁이 정강이에 끼인 때를
나는 보고 있다

, 가 . 를 버리고
. 가 ! 를 다 지워버린
生 속에

# 도화, 도화

탑
밑에
돌 빼어
위에 올리고
밑에 돌
빼어 다시
위에 올리고
더 올릴 데 없을 때
황룡사 목탑 위에
桃花 누이 올려 놓아요

노랑머리 누이가
저문 달의 쪽방으로 이사 가요
전자수첩에 빼곡히 적힌 별의 이름
저 별에도 사랑이 꽃 필까요
등 떠밀린 절벽 아래 강물 위로
수천 꽃송이 뛰어 내리고 있어요

# 무엽란

잎도 줄기도 없이
뜬금없이 불쑥 솟구쳤다
몸 거두어 가는

거두절미, 토굴 속 선사 같다

흐린 필름 자막 위로 찌지직
무채색 생이 지나갔던가

꽃대 끝에
당그마니 나앉은

偈頌처럼

# 버찌 일만등

*

사월 초파일 등 달러 유가사 간다

절 마당 가득
쉼없이 달롱거리는
연등 행렬

공양간 굽어보다
저 혼자 늙어버린 벚나무
푸른 잎 속에 공것으로 숨겨둔
버찌 一萬燈

에미 없는 아이가
햇살에 발그라니 잘 닦인
버찌 한 줌 입 안에 넣으니
누더기 몸도 금세 공평해진다

**

극빈의 사랑인 당신

유복하시다구요, 그만
슬프지 않으시겠다구요

莊嚴無悲올시다

# 일식

너는 해가 되어 나를 가리고
너는 달이 되어 나를 가리고
너는 별이 되어 나를 가리고
너는 꽃이 되어 나를 가리고
너는 돌이 되어 나를 가리고

더 가릴 데 없을 때
불타는 금가락지 하나
중천에 내어놓거라

퍼포먼스

# 새가 되고 싶은 나

꽃이 새가 될 수 있다면
나무가 새가 될 수 있다면
돌멩이가 새가 될 수 있다면
땅따먹힌 땅이 새가 될 수 있다면
검은 비닐이 새가 될 수 있다면
오색 풍선이 새가 될 수 있다면
구름이 새가 될 수 있다면

자유가 자유를 그리워하듯
그대가 눈물뿐인 사랑을 끌어안듯
새가 비로소 새가 되듯

# 「　　　」 속으로

행위예술가 윤명국이
2004년 5월 29일 오후 6시 30분에
고령 박곡리 이규목 화실 잔디밭에서
「초록 뻬끼통」이란 이름을 달고
초록 물감을 머리부터
확 뒤집어썼다

「　　　」 속으로 풀종다리가 들어간다
「　　　」 속으로 잽싸게 도마뱀이 들어간다
「　　　」 속으로 도마뱀 꼬리도 들어간다
「　　　」 속으로 여치가 들어간다
「　　　」 속으로 땅강아지가 들어간다
「　　　」 속으로 송장메뚜기가 들어간다
「　　　」 속으로 화가가 들어간다
「　　　」 속으로 시인이 들어간다
「　　　」 속으로 거지아이도 따라 들어간다
「　　　」 속으로 풀밭이 통째로 들어간다

초록 뺑끼통 속으로 들어갔다 나온
여름해가 피묻은 얼굴 스윽쓱
서쪽 하늘에 문지른다

# 몸과 길

자루 속에서
한 사내가 길을 꺼낸다
헐렁한 몸 속에서
줄줄이 달려나오는
오방색 길

피범벅인 노을이
생뚱스런 얼굴을 하고
발바리 한 마리 데리고
느릿느릿 지나간다
다리가 짧은 발바리가 따라간 길을
한 여자가 기억해낸다

붉디붉은 울음 구겨들고
사내가 자루 속으로 들어간다
길의 끝에는 쉼없이 바람이 펄럭인다
다시 살아봐야 겠다고
중얼중얼거리며

## 풀밭 위의 소품

안데스 산맥이 숨겨둔 티티카카호 명경알 같은 호수 위로 미끄러지는 갈대배 타고 물고기 잡고 사는 인디오의 알록달록한 모자 쓴 사내가 염소수염도 싹 밀어버리고 대낮에 느닷없이 한 여자를 풀밭 위의 소품으로 불러내었다 소나기 한 차례 지나간 풀밭에 바위가 앉고 바위 위에 알몸의 여자가 앉는다 축 늘어진 유방과 뱃심좋게 출렁이는 아랫배 감추어도 드러나는 거무튀튀한 사타구니와 바람 빠진 한낮이 정물로 놓여 있다

소나기 한 소끔 훑고 지나간
풀밭 위에 팽팽한 고무줄 툭 끊긴
여름 한낮이 졸고 있다

# 베개 프로젝트

심홍제는
베개가 화두이다
껴안고 밥 먹이며
입 맞추고 낄낄거린다
베개 머리에 이고
혜초가 걸어갔던
往伍天竺國 따라 나선다
물집 잡힌 발바닥
절뚝이며 걸어간다
고비사막 한 가운데
베개 내려놓고
한 바탕 피리 불어
따라온 길을 달랜다
천산북로에도 눈발이 치던가
어둠 한 복판 걸어가는
눈물 고여 질척거리는 사내보다
늦게 자고 일찍 깨는
반가사유하는 저
베개 부처

# 달팽이 걸음으로

쪼그려앉은 사내가 백묵으로 쓱싹쓱싹 선 그으며 가고 있다 희미한 선 따라 오리궁뎅이도 가고 있다 이슬 젖은 풀잎도 집 버린 달팽이도 뒤따라 가고 있다

시든 풀잎 위에
혓바닥 굴리는 이슬 속에
아침해가 펑, 터진다

# 거울을 위한 다섯 개의 미사

1
거울 속에서
왼쪽 귀가 심각하게 망가진
고흐가 걸어나온다

달팽이관 적시는 여름비가
초록 혓바닥 꺼내어
거울 닦고 있는
하오 2시

왼쪽 귀의 행방은
오리무중

2
연못가에
앉은뱅이 나무의자에
시계추가 비스듬히 놓여 있다

올챙이 한 마리
뒷다리가 쏘옥 앞다리가 쏘옥
꼬물꼬물꼬물 개구리가 된 시간을
올챙이에게 되돌려준다

시계추가 흔들린다
—여기가 어디니?
시계추가 흔들린다
—너는 누구니?
시계추가 흔들린다
—전속력으로 사랑했니?
시계추가 흔들린다
—눈물의 경계 지웠니?
시계추가 흔들린다
—아, 아니 꽃 피웠니?
시계추가 흔들린다
—여기가 연옥이니?
시계추가 흔들린다

—영생의 몸 받았니?
시계추가 흔들린다
—지금 몇 시니?

3

오후한시가연못속으로들어간다

물방개가휘젓다만수면이깨어진다

아이가앉았다떠난나무의자는엉덩이를생각한다

연못에빠져허우적이는구름이얼굴베인다

의자에앉았던한아이를보랏빛구름이기억해낸다

혼자훌쩍이는의자를어미구름에게데려다준다

4

왼쪽 귀를 찾아 떠돌다온 李箱이 털썩 의자에 주저앉는다 파이프에 꾹꾹 구름 눌러 쓰윽 불 당기면 어느새 화들짝 달아오르는 장미꽃. 그을음 없는 꽃의 심연에서 거울이 깨어진다 거울 속으로 들어갔다 나온 이상이 구름모자 들고 애인에게 간다 다람쥐야 안녕, 사팔뜨기 금붕어야 안녕, 발목 짧은 비둘기야 안녕, 꼬리없는 초록도마뱀아 안녕, 밀밭 지나가는 초록바람에게도 인사해야지 애인아

미샤 마이스키가 만들어내는
무반주 첼로 弔曲
문득, 끊어지고

5

네가 거울이니
얼굴에 들어가 움푹 박힌 내 눈이
서럽게 불타고 있니

박태기나무에 화농진 마음이
다시 거울 속으로 들어갔다 나왔니
아직 너, 살아 있니

# 꽃 폭풍

깡마른 倭女
셋이 펼치는 부토춤은
뭉크, 뭉크의 절규다
주체할 수 없이 터져나오는
몸의 길이다

곰배팔이 절름발이 자반뒤집기 등신육갑춤
한바탕 낭자하게 퍼질러놓는다

노래와 울음의 경계인
꽃, 꽃에도
폭풍이 이나

곪아터진 그리움의
몸의 절정에서 솟구치는
언어의 폭풍

## 너를 랩핑한다

호주에서 온
금발의 팔등신 미녀
제인 톰프슨이
무대 위로 걸어나온다
온몸 붕대로 칭칭 동여매고
장승처럼 서 있다
천천히 붕대 풀어내자
바디 페인팅한
얼음 알몸이 금방
불빛에 드러낸다
락이 여우비에 자지러지고
흐느적거리는 알몸이
色色으로 해체된다
립스틱으로 붉게 칠한
젖가슴과 배꼽과 가는 새다리에
알 수 없는 도장이 찍힌다
젖은 지폐로 랩핑한
알몸 스르르

한 여름 밤 속으로
녹아들고

# 공기의 한 무늬

서른 남짓한 대만 여자 엔 츄치는
관객 앞에서 스스럼없이 옷 벗어던진다
달밤에 담담하게 드러난 두 개의 유방
비정형의 중심에 젖꼭지가 달려 있다
사물의 어머니인 배꼽도
불빛에 불려나온다

여자의 희디흰 등짝에
남자 1, 붉은 매직으로
둥그렇게 얼굴 그린다
여자 1, 푸른 매직으로
아무렇게나 새를 그려넣는다
아이 1, 노란 매직으로
철자법 틀린 이름 새겨넣는다

눈 깜짝 할 새 낙서판이 된 알몸
분홍 리본으로 동여매고
관객 속으로 뜬금없이 걸어와 앉는다

허공에 들려진 공기의 한 무늬
가만 들여다본다

# 밥물이 넘는 동안

안면도에서 온
박미루는 파도소리 끌고와
혼신으로 난타한다
둥둥 북이 울리는 동안
압력밥솥에서 푸푸푸
밥물이 넘쳐난다

밥물이 넘는 동안
한 아이가 태어나고
밥물이 넘는 동안
백일째 붉은 꽃이 피었다 지고
밥물이 넘는 동안
한 독재자가 쫓겨나고
밥물이 넘는 동안
북해산 브랜트유가 최고가를 갈아치우고
밥물이 넘는 동안
황금사원이 폭싹 내려앉고
밥물이 넘는 동안

미 남부에 허리케인이 상륙하고
밥물이 넘는 동안
백년만에 희랍 올림픽이 열리고
밥물이 넘는 동안
중국은 한국사를 몽땅 들어내고
밥물이 넘는 동안
남극의 오존층 구멍이 더 뚫리고
밥물이 넘는 동안
카드 빚에 몰려 자살도우미를 구하고
밥물이 넘는 동안
바람아래 모래언덕이 사라지고
밥물이 넘는 동안
한 사랑이 다른 한 사랑을 만나고
밥물이 넘는 동안
한 아이가 늙어 죽고

안면도에 둥둥 북이 울린다
쉼없이 파도는 흘러왔다 흘러가고

# 오, 스며라 글자

*

몸에 착 달라붙은
검은 티셔츠와 검은 바지 입은
제인 톰프슨은 몸의 司祭 같다
맨발로 풀밭을 건너가
소나무 곁에 선다

까만 보자기에는
조선종이와 유리컵과 라이타와
붓과 양초와 나무젓가락이
들어 있다

**

비스듬이 흰종이 펼쳐놓는다
나무젓가락으로 네 귀퉁이에 못박는다
양푼이에 얼굴 들이밀고 가만 있다
벌컥벌컥 맹물 들이킨다

맹물에 몽당붓 찍어
조선종이에 넙다 그린다

오, 스며들어라 글자야
종이에 일회용 라이타 긋자
물글씨만 용케 살아남는다
살아남은 물글씨 물끄러미 내려다보다
양푼이물 머리에서 내리 부어내리자
까만 몸 금세 환하게 젖는다

소나무가 된 여자가
풀밭을 건너 되돌아온다

# 글자를 따라가면 종소리가 난다

*

책상 위에
먼지 풀썩이는 19세기産
로얄 타이프라이터가
놓여 있다

낡은 먹끈 위로 타박타박
낙타가 지나간다
타닥타닥 타이프라이터가
사막인 生을 가로질러 간다

한 세기 두드리다 망가진 글자들

버썩거리는 말 다 지운 그대도
따라 울었던가

**

자판 끝에
낚시줄이 달려 있다
보이지 않는 시간 끝에
작은 종 매달고
〈타자기를 쳐서 당신의 소리를 만드세요

망가진 자판 더듬으며
I LOVE YOU,라고 두드리자
말의 물방울 속에 갇힌 그대
뎅뎅뎅 은방울 소리낸다

# 이것은 파이프가 아니다,고

라일락 아래
나무의자에 앉은
르네 마그리트씨는
황금 파이프에
연분홍 구름 태운다
쉼없이 안으로만
구름 도넛 빨아들이다
더 이상 빨아들일 수 없을 때
후유, 들숨 내뿜는 라일락은
몽글몽글 보랏빛 꽃을
지상에 뱉아놓는다
눈물의 육각수인 달팽이는
자웅 동체의 몸을 하고
남몰래 사랑한 밤이 있다
그런 밤에
르네 마그리트씨의
황금 파이프에는
시간이 꼬물꼬물
알을 까고

# 밤의 풍경

이란산 석류 두 개가
밥상 위에 정물로 놓여 있다

나이프로 쩍 가르자
붉디붉은 루비알 불려나오고

남자 1 루비 두어 알 입에 넣는다
여자 1의 입 속으로 건네준다

온몸으로 퍼져가는 달디단 과즙

석류는 간데 없고
코란같은 성전의 밤이 온다

밤하늘로 빼곡히 도망 간
달콤한 루비별

# 감나무와 시인

—김형 어디 있노
—감나무 위에 있다
—뭐 하노
—감 딴다
—감 따서 뭐 하노
—먹는다
—먹어서 뭐 하노
—시 쓴다
—시 써서 뭐 하노
—그냥 쓴다
—언제 내려오노
—안 내려간다
—정말 안 내려오나
—그래 안 내려간다
—바둑 두고 싶으면 어쩔래
—바둑판 들고 위로 올라온나
—나무 베어버린다
—그래도 안 내려간다

수천의 알전구 켜둔 감나무
쓱싹쓱싹 베어 버리자
어디로 갔을까, 그는

# 입술 소파·2

살바도르 달리의
매 웨스트 입술 소파에 앉아
觀,淫한다

찢고
까발기고
물어뜯고
할퀴고
네 발로 기고
머리끄뎅이 질질 끌고
수갑 채워 침대에 묶고
등짝에 채찍이 기어가고
배꼽에 담배불 지지고
으으으 제발 그만
새디와 혼돈과 마조를
접붙였다 으깨어
마시고

21세기의 밤은 깊어간다
그렇게 흘러왔다
그,렇,게,

## 생이 다 망가질 때까지

태국에서 온
츰뽕 아피숙은
오십줄의 사내
십분 무료 공연 위해
호주머니 탈탈 털어
비행기로 날아온 사내

놋날로 쏟아지는 빗발 뚫고
밀대 들고 바닥 청소한다
간간히 스며드는 불빛
찢겨진 비옷 따윈 아랑곳없이
보도블록 밀고 간다

온몸으로 온몸으로
生이 다 망가질 때까지

풀등

# 명상하는 달걀

택배가 도착하였다 상자 안에 들어있는 마흔 개의 꿩알보다 조금 큰 달걀 아, 初卵인가 생각하는 사이 〈명상하는 달걀〉 메시지가 날아 왔다 경기도 광주 어느 야산 비탈에 놓아 먹이는 암탉이 낳은 알이라니 맨밥에 쓱싹 비벼 먹으니 창자 안에서 꼬꼬대 길게 홰 쳤다 내 몸도 덩달아 명상에 들었나 시의 알 낳고 꼬꼬대 꼬꼬거렸다

# 풀등

쉰일곱에 풀등이란 말 처음 알았다
모래등도 고래등도 곱등이도 아닌 풀등이라니

서해 앞바다 대이작도가 숨겨둔
일억만년 고독을 견디며 들숨날숨이 만들어낸
신기루의 聖所

하루에 한 번 갈비뼈 열고
젖은 모래등 햇살에 널어말리는 혹등고래

타박타박 눈썹사막 걸어나온
풀등인 당신에게 기대어
한 生이 다 저물어도 좋겠다고

나직나직 말하는 여린 바다가 있다

# 점자인 당신

어둠의 날개 달아주려고
점자로만 말하는 당신

보드라운 손가락이 가 닿은
첫 입술에 맺힌, 이슬 방울로 환해진
오랜 침묵 깬, 돌의 속울음 우는
시의 새벽에

머리칼 만지고 얼굴 만지고
오똑한 콧날에 얹힌
마음 더듬는

손가락 목소리로만 말하는 당신

# 죽은 토끼에게 어떻게 그림을 설명할까

요셉 보이스가
시멘트 담벼락 감싸안은
담쟁이 넝쿨손 아래
한나절 데리고 놀던 토끼와
벗어놓은 중절모와
힘껏 내리치던 망치와
부숴지다 만 피아노 건반은

맨발로 굴러다니던
요셉 보이스의 번뜩이는 안광과
백남준의 까치집 머리와
망가진 음계를 들고 우는 귀뚜리미와
일자로 찢긴 청바지와
홀쭉한 배를 가리던 멜빵과
죽은 토끼의 할딱이는 심장은

# 음악은 이런 거라고

기타 치다가
카세트 테이프 틀다가
마이크 톡톡 두드리다
맥주 마시며 트림하다가
마른 오징어 쫙쫙 찢다가
빈 깡통 흔들다가
신발 두들기다가
드르릉 코 험하게 골다가
알람시계 돌리다가
맨땅에 머리 눕히다가
음악은 이런 거라고
예술은 사기가 아니라고
인생은 또한 이런 거라고
막무가내로 막무가내로
우기고 우기다가

# 달은 가장 오래 된 TV

*

달 달
무슨 달
쟁반 같이
둥근 달
어디 어디 떴나
TV 속에
떴지

*

속에 노랑 기차가 들판을 가로질러 지나가고
속에 외국 투기펀드가 김치국 후루룩 마시고
속에 신종 플루가 자가복제로 창궐하고
속에 자살폭탄에 시리아호텔이 폭싹 내려앉고
속에 대관령 폭설에 벚꽃길이 다시 얼어붙고
속에 백주 대낮에 현금수송차가 강탈당하고
속에 누우떼가 진흙뻘 지나 언덕을 기어오르고
속에 여자아이가 입으로 탯줄 끊다 기절하고

속에 빚더미에 몰린 일가족이 동반 자살하고
속에 앗싸 호랑나비가 태평양을 건너가고
속에 백년에 한 번 꽃핀 대나무가 살아나고
속에 축구공 하나가 지구를 뻥 차 올리고
속에 해가 냉큼 달을 삼켰다 내어놓고

*

찰칵
리모콘도 없이
달을 껐다

## TV를 觀한다

TV는 관음수월도
TV는 코카콜라
TV는 캉캉춤
TV는 황금마스크
TV는 날개 부러진 천사
TV는 피다 만 다알리아
TV는 조지 오웰 1988
TV는 달부처 토끼
TV는 살찐 암말 엉덩이
TV는 요셉 보이스의 중절모
TV는 러시아 늑대울음
TV는 와이키키 해변
TV는 금강산 만폭동
TV는 남산골 딸깍발이
TV는 동해안 별신굿 징소리
TV는 물레방아 잘도 도는 이발소그림
TV는 바다가 펼쳐놓은 그림책
TV는 뒤뚱거리는 수족관 펭귄

TV는 먹끈 달린 수동타자기
TV는 허공의 찢긴 거미줄
TV는 空空空 짖는 스피치
TV는 강강수월래
TV는 바보 온달
TV는 어머니

## 바코드 속의 생

바코드 속에 해가 뜨고
바코드 속에 장마비가 내리고
바코드 속에 산이 소문없이 무너지고
바코드 속에 우회도로가 뚫리고
바코드 속에 고층 아파트가 들어서고
바코드 속에 미스김 라일락이 자라고
바코드 속에 하이힐이 걸어가고
바코드 속에 깜장 염소가 끌려가고
바코드 속에 남자와 여자가 만나고
바코드 속에 유모차가 굴러가고
바코드 속에 철 늦은 풍란이 피고
바코드 속에 초록앵무새가 따라 울고
바코드 속에 나비해일이 덮치고
바코드 속에 초승달이 이지러지고
바코드가 바코드를 불러
다시 바코드이게 하고

장바구니에 담긴

바코드 문신 無精卵 속에
병아리가 꼬물거리고

## 바코드 기호학

바코드는
계란을 낳고
병아리를 낳고
청정 산소를 낳고
심층수를 낳고
휴대폰을 낳고
홈쇼핑을 낳고
노트북을 낳고
미사일을 낳고
황금 달러를 낳고
테러 전쟁을 낳고
혼돈과 어둠과 협잡을 낳고
줄기세포를 낳고
복제 인간을 낳고
태초의 말씀을 낳고
뇌가 헐렁한 시집을 낳고
눈물의 진화를 낳고
바코드를 낳고

# 셀프 누드

봄
저문
봄 속에
마릴린 몬로풍의
팔등신 복숭아나무 한 그루
핸드폰 카메라로
셀프 누드 찍어
실시간으로
전송한다
팔십 비컵
발그란 유두에
옴팍한 배꼽 우물에
애간장 고인다
생뚱맞은
下草도
달랑
달
고

# 다시 행복식당은

칠십 평생
어림 반 푼 어치 없는 밥벌이에
목 매단 적 한 번도 없는
시인 금동식이 오똑하니 앉아 있다

삼십 수 년 하루같이
올백으로 빗겨넘긴 모발에
저녁놀 성글게 내리면

소금 안주에 막걸리잔 홀짝이며
봄날은 가~안다,고

하염없이,

새로 나온 시집 펼쳐놓고
십년 전에 죽은 선배시인 기다린다

벚꽃 저 혼자 피었다 지든 말든

# 종이 문패

그의 몸은 일생 동안 병이 들락거렸다

한 번도 배신하지 않은 하이드라이짓병이 깡마른 몸을 위무해 주었다 그가 한 일은 병에게 고요히 마음을 맡겨둔 일. 세 평 남짓한 방 안 보자기 덮인 밥상 옆에 앉은 키 열 배쯤 아무렇게나 쌓아놓은 책들, 오랫동안 모서리 낡은 채석강 밤파도소리가 다스린 흔적 또렷하다

자물쇠가 꽉 채운 여닫이문 상단에 검정 싸인펜으로 단출하게 쓴 사각 흰 종이 문패 녹쓴 못이 붙들고 있다 청개구리도 새앙쥐도 꽃뱀도 땅강아지도 밤새 수런대던 댓돌 위에 자주색 고무신 누가 숨겨 버렸나

텅 빈 댓돌 위에 삼분의 일쯤 햇살이 환하다 누군가 놓고 간 꽃바구니에 그늘이 사치스럽고 바람이 불러들인 수수꽃다리 향기가 무상출입이다 비눗갑에 아껴먹던 비누 저 혼자 닳아가고

햇살과 그늘의 和親이란 말 처음 깨달았다

# 조주록 읽는 밤

*

등짝에
울퉁불퉁
각이 진 열꽃
잔뜩 피운
두꺼비
어기적 어기적
산길 오른다

가령,
글쎄,
도대체,
무엇을,
왜, 왜,
기타 등등
바람에
걸머지고
오래 걸었다

*

天竺은
구름 속에 있다
밤새 소쩍새 동무하며
법화경 따라 가다
비안개 한 바탕 어질러놓은
절마당 말끔 쓸고나니
어느새 마음에
티끌 천지다

시 뭐꼬

# 초록 그늘 아래

폭염주의보가 내려진
대성전 뜰에 孔子도 졸고 있다
두 손을 가지런히 모은 흰대리석상에
아름드리 으능나무 푸르른 햇살 아래
앉은뱅이 의자와 서른 송이 붉은 장미와
보자기에 싸인 울음덩어리 시집이 놓여 있는
한 사내가 백묵으로 쓰윽 그린
삐뚤빼뚤 세 개의 동그라미 속에
고양이가 앞발로 데리고 놀던
초록 그늘 아래 한나절은
어디 갔을까

## 바이올린과 길

아무도 가지 않은 길이 있다
사내가 뒤도 돌아보지 않고 가고 있다
손에는 길게 끈이 늘어져 있다
끈의 끝에 바이올린이 묶여 있다
멱살 잡혀 멈칫멈칫 끌려 가고 있다

비로소 길이 된 바이올린

|작품론|

# '몸'이 세계를 전유하고 구성해가는 상상적 질서

유성호
문학평론가, 한양대 교수

1

박진형 시인은 1985년 《매일신문》 신춘문예와 1989년 『현대시학』을 통해 등단하여, 그동안 『몸나무의 추억』(1994), 『풀밭의 담론』(2001), 『너를 숨쉰다』(2005), 『퍼포먼스』(2007), 『풀등』(2011) 등의 시집을 출간하면서, 완만하지만 지속적인 시적 갱신을 이루어온 우리 시대의 중진이다. 가령 그는 네 번째 시집 『퍼포먼스』 이후, 우리 시대의 실험적 전위로 나아가, 주체의 자기 표현이라는 '말하기(telling)' 전통을 넘어 '보여주기(showing)'의 극단을 실험함으로써 시적 갱신의 한 정점을 보여준 바 있다. 말하자면 그는 끊임없는 자기 갱신을 거치면서 현대시의 여러 양상을 자신의 음역(音域) 안에서 변형시켜 간 시인이라고 말할 수 있다.

우리는 그동안 그가 겪은 시적 변화를 이하석 시인의 발언을 통해 어느 정도 유추해 볼 수 있다. 이하석 시인은 박진형 첫 시집의 발문에서 그를 "식물적 상상력의 시인"이라 명명한 바 있다. 시집을 가득 채우고 있는 '나무'와 '꽃'의 화음(和音)을 귀납하여 내린 명명이었을 것이다. 그런데 『퍼포먼스』의 표사 글에서 이하석은 "이벤트와 퍼포먼스의 몸짓들을 언어화하면서 그의 말의 굳은살이 빠지고, 말의 구사가, 말놀음의 작태가 아주 가벼워졌음을 느낀다."고 말하고 있다. 이 두 진술 사이의 작지 않은 낙차(落差)가, 말하자면 박진형 시의 변모를 선명하게 드러내준다. 하지만 그 사이에는 아득한 단절 못지 않게 일관된 지속성이 가로놓여 있기도 하다. 하여 우리는 이번에 그가 갑년(甲年)을 맞아 펴내는 시선집 『길은 헐렁한 자루 같다』(만인사, 2014)를 통해, 이처럼 '몸'이 세계를 전유하고 구성해가는 상상적 질서를 시의 본령으로 삼아온 그의 시적 일관성을 통시적으로 탐색해보려고 한다.

## 2

원래 '기억'이란 자신이 겪은 경험이나 사건에 대한 잔상(殘像)에 의해 형성되고 보존되고 계승된다. 그래서 사람들은 강렬한 기억으로 인해 결코 잊을 수 없는 일들과, 옅은 기억으로 인해 쉽게 망각되는 일들을 자신의 삶 속에 두루 가지게 된다. 자신의 육체

속에 새긴 수많은 기억들은 우리 의식의 심층을 형성하면서 끊임없이 삶의 준거가 되어주기도 한다. 박진형 시인이 첫 시집에서 말하는 중심 권역은, 이 같은 '몸'에 새겨진 강렬한 기억들이다. 특별히 자신을 '몸나무'로 자임하면서, 그는 결핍과 충일이 교차하는 육체성을 증언하고 있는 것이다.

나는 꽃 피는 몸나무이다
한 번도 꽃 피지 않은
몸나무의 추억이다

새로 어린 나무를 옮겨 심은 뒤
물을 뿌리며 나도 꽃 피던 몸나무인가
딱딱한 껍질을 초록 이빨로 깨물어
연한 기쁨의 상처를 만드는
나무는 즐거울 거야, 내 몸도 덩달아
—「몸나무의 추억」 중에서(『몸나무의 추억』)

첫 시집의 표제작이자 박진형 시인의 대표작 가운데 하나인 이 시편은, 모든 신성한 가치들이 사라져가는 이 황혼에, 자연과 인간이 공통 기억으로 결속해야 함을 선명하게 드러내 보여준다. 가령 "꽃 피는 몸나무"인 시의 화자는, 개화(開花)의 기억이 '몸'에 새겨져 있지 않은 채로 곧 "한 번도 꽃 피지 않은/몸나무의 추억"으로만 존재한다. 여기서 '추억'이란, 실재를 곧바로 지시하지 못

하고, '흔적'으로만 존재하게 되는 화자의 상황을 암시한다. "나도 꽃 피던 몸나무인가"라고 생각해보기도 하지만 화자는 "딱딱한 껍질을 초록 이빨로 깨물어/연한 기쁨의 상처를 만드는/나무"와 함께 즐거움을 상상할 뿐인 결핍의 몸이다. 그 결핍의 원인(遠因)은 일차적으로는 생태적 재앙에서 촉발되지만, '몸'이 처하고 있는 실존적 비극성에서 발원하고 있다고 보아도 그리 잘못은 아닐 것이다. 그래서 화자는 "봄에도……꽃 피지 않은……몸나무는/꿈꾸는 힘으로 버팅긴다."라고 고백하게 된다. 그 '꿈'의 내질(內質)이 바로 시적 상상력이며, '몸'의 결핍을 상상적 충일로 극복해가는 시법(詩法)의 다른 이름일 것이다. 말하자면 시적 상상을 통해 실재를 경험케 하는 '환(幻)'의 감각을 시의 화자는 '몸나무의 추억'으로 보여준 것이다.

햇빛이 집 한 채를 샀다
돌쩌귀가 떨어진 문짝이 펄럭이고
몸이 시커먼 푸새가 처마 밑에서 기어나와
지붕 위로 포릉, 옮겨 앉는다
회칠한 담벽에 붉은 스프레이 글씨로
〈주인 외출중〉 꿈틀, 지렁이가 기어간다
불 지핀 지 오랜 아궁이에
금간 사기그릇에 들러붙은 파리가
입 다실 것이 없어 닝닝거린다

먼 길 갔다 돌아온 사람 하나
빈집의 기억 속으로 들어가 송곳으로
제 불운의 눈알 찔러 버렸다
홀로 집 지키던 감나무가
노을에 목을 매단 저녁

—「빈집 1」 전문(『몸나무의 추억』)

이 아름다운 시편은, 박진형 시인의 섬세한 시선이 어떻게 시적 대상과 합일되어 나타나는가를 실증해주는 뜻 깊은 실례이다. 물론 '빈집' 역시 사실적 묘사의 결과라기보다는 상상적 전유와 구성을 통해 실재를 경험하게 하는 형상 가운데 하나라고 할 수 있다. 여기서 "햇빛이 집 한 채를 샀다"는 인상 깊은 진술은, 그 "집 한 채"가 사람 소유가 아니라 자연 사물이 서로 어울리고 있는 '빈집'임을 실감케 한다. 그 '빈집'은 돌쩌귀가 떨어진 문짝이 펄럭이고 사람의 흔적이 지워져 푸새나 회칠한 담벽, 그리고 낡아빠진 붉은 스프레이 글씨만이 풍경을 감싸고 있는 폐가이다. 거기에서는 지렁이나 파리 같은 미물(微物)들만이 "불 지핀 지 오랜 아궁이"처럼 한적하게 노닐 뿐이다. 그런데 2연에서 돌연 사람이 나타난다. "먼 길 갔다 돌아온 사람 하나"가 "빈집의 기억" 속으로 들어가버리는 것이다. 그런데 그가 치러내는 '빈집의 기억'은 눈을 찌르고 목을 매다는 절멸과 폐허의 기억이다. 결국 '빈집의 기억'은 그의 몸 속에 새겨진 결핍과 불모의 기억이었던 셈이다.

이처럼 생동하는 어떤 기운도 없는 폐가에서 화자는, 무량한 시간의 반복 속에 고단한 삶이 무르녹아 있음을 말한다. 물론 모든 사물은 일정한 시공간 속에서 존재하다가 그 물리적 유한성으로 말미암아 사라진다. 그 어떤 사물이나 현상도 어떤 곳에 순간적으로 존재했던 것에 지나지 않는 것이다. '빈집'이라는 소멸해가는 물리적 형식을 통해 화자가 말하는 것 역시, 유한한 기억 속에 웅크리고 있는 불모와 폐허의 기억일 것이다. 이러한 불모의 기억들은 박진형 시학을 구성하는 둘도 없는 원질(原質)이 되어 좀 더 심화된 형상으로 펼쳐진다.

> 뜯어먹다 만 구름이 저문 하늘에 떠 있다
> 중절모 쓴 사내는 짐자전거 뒤에 양철 다라이 붙이고
> 며칠째 길모퉁이에 서 있다 가끔 생각난 듯
> 흰 설탕 떠넣고 열심으로 페달 밟는다
> 아이가 젓가락에 감긴 분홍빛 속살 뜯어먹는 저녁
> 가슴에 띠 두른 한 무리 아낙들이 지나가고
> 허물다만 담벼락 아래 먼지 뽀얗게 뒤집어쓴
> 국화는 목침만한 꽃 달고 낑낑거린다
> 저문 하늘에 아이가 뜯어먹다 만 구름이 떠 있다
> 불어터진 추억의 저녁밥처럼
>
> —「저녁밥처럼」 전문(『풀밭의 담론』)

'저녁밥'에 대한 기억을 "뜯어먹다 만 구름"의 형상으로 집요하

게 묘사하고 있는 이 시편은, 저물어가는 하늘 아래서 솜사탕을 팔고 있는 어느 사내의 실루엣으로 시선이 옮겨지면서 구체적 형상을 이루어간다. 그 사내의 무심하고도 견고한 반복적 행동은 "아이가 젓가락에 감긴 분홍빛 속살 뜯어먹는 저녁"을 준비하면서, 곧바로 화자로 하여금 "저문 하늘에 아이가 뜯어먹다 만 구름"을 연상하게끔 한다. 그것이 "불어터진 추억의 저녁밥"으로 전이되면서, 결핍과 불모의 기억은 일차적으로 완성된다. 여기서의 '추억' 또한 '몸나무의 추억'처럼 저물어가는 황혼에 먼지 뒤집어쓰고 낑낑거리면서 불어터진 밥을 먹고 있는(혹은 먹다 만) 몸의 기억을 적극 재구(再構)하게 된다. 이러한 '몸'에 대한 탐구는 다음 시편에서도 이어진다.

> 좀벌레의 집은 책이다
> 어둠에 이끌려 뒤적인 다 닳은 문맥은
> 세상으로 건너가는 極地다
>
> 한 사내가 생의 그늘까지 다 바친
> 마음의 經板, 글자와 글자 사이
> 세든 좀벌레 일가.
>
> 밥 먹고 줄줄이 새끼 까고
> 상형의 늑골 파먹고 빈둥거리다
> 화등잔 눈으로 세상을 읽는다

읽는다니 다 갉아먹는다

갉아먹다가 글자가 굴러다니는
낡고 오랜 거기
시의 알 낳으려 끙끙거리는
가련함이여!
—「낡고 오랜 거기」 전문(『풀밭의 담론』)

시의 화자는 책에서 "좀벌레의 집"을 발견한다. 마치 폐가에서 노닐던 지렁이나 파리처럼, 좀벌레도 '빈집의 기억'을 드나들면서 "어둠에 이끌려 뒤적인 다 닳은 문맥"을 보여주는 것이다. 한 사내가 "생의 그늘까지 다 바친/마음의 經板"에 세들어 살고 있는 "좀벌레 일가"는, "밥 먹고 줄줄이 새끼 까고/상형의 늑골 파먹고 빈둥거리다/화등잔 눈으로 세상을 읽는" 우리 모두를 상징적으로 함의한다. 이처럼 "낡고 오랜 거기"에서 화자는 "시의 알 낳으려 끙끙거리는/가련함"을 바라보고 있는데, 결국 화자로서는 이러한 '몸'의 기억들을 언어로 옮기는 '시(詩)'의 의미를 낡고 오랜 '집'으로 보고 있는 것이다. 그 점에서 위에서 살핀 『빈집』의 '빈집'은 끙끙거리면서 시의 알을 낳던 공간이기도 했던 셈이다.

박진형 시인은 언젠가 자신의 한 산문에서 "한 시대의 지층에 묻힌 숲으로서의 시, 내가 걸어온, 걸어갈 길의 내력(來歷)을 더듬는 시간의 지층에 시를 묻어둔다."(「나무와 숲, 신생의 언어」,

『풀밭의 담론』)라고 말한 바 있다. 이처럼 그는 오랜 시간 자신의 '몸'에 새겨진 결핍과 폐허의 기억들을 시적으로 수습하고 거기서 숯처럼 결정(結晶)된 비극적 상상력을 발화하는 면모를 완강하게 지속한다. 그 일관성이 바로 그의 후기 시편이 보여주는 실험적 육체로 전이될 개연성을 준비하게 되는 것이다.

3

우리가 잘 알고 있듯이, '몸'은 인간을 구성하는 가장 구체적이고 감각적인 물리적 실체이자 모든 문화가 생성되는 최초의 지점이다. 하지만 그동안 전개된 역사에서 '몸'은 '이성(정신)'에 비해 현저하게 그 중요성이 떨어지는 범주로 평가절하되어왔다. 그러던 것이 1990년대 이후 강력하게 대두된 탈(脫)근대적 기획에 따라 근대가 억압해온 가치론적 범주로서의 인간의 '몸'은 서서히 부활한다. "몸을 통한 세계의 무한한 해석 가능성"(F. 니체)에 입각한 이러한 패러다임 전환은, 마이너리티의 목소리로 존재하던 육체성의 시적 발현을 도우면서, 당당하게 자신만의 역동적인 인식론적 표지(標識)를 그려갔다. 이러한 움직임은, 말할 것도 없이, 그동안의 근대사가 '몸'에 대한 억압의 역사이자 이성 편향의 불구적 역사였다는 점을 보여준다. 그것은 가장 구체적인 원형적 실체인 '몸'이 근대의 항구적 타자로 몰려 있었던 역사에 대한 재발견을 통해 인간의 '지워진' 역사를 복원하려는 기획이며, "억압된 육체에 대한 기호화의 과정"(P. 브룩스)이 바로 근대가 이룩한 주체·권력·이성·중심의 언어에서 타자·탈(脫)권력·감성·주변이라는 탈근대적 내용으로 문화적 핵심을 전환하려는 것을 말해주기도 한다. 세기말적 불안과 죽음 충동을 드러내는 쪽으로 경사되고 있는 측면이 없지 않지만, 이는 그동안 일사불란하게 펼쳐져온 이성 중심의 근대적 기도(企圖)에 대해 강력한 심미적 항체를 형성하고 있는 것이다. 박진형 시학이 가 닿은 미적 차원도 이러한 '몸'의 자율적 미학을 복원하는 데 있다 할 것이다.

> 간밤 꿈 속에서 시인 김춘수가 때때몸을 하고 어린 광대들 앞에서 초랭이춤 추어 보이고 있다 머리에 질끈 수건 동이고 춤은 이렇게 이렇게 추는 거라고 한쪽 다리 삐딱하게 들었다 내려놓으며 연속 동작으로 보여주곤 한다 한 열흘쯤 기른 수염 단 초랭이 얼굴을 하고
>
> —「夢舞」 전문(『너를 숨쉰다』)

제목에서부터 환각의 유희를 연상케 하는 이 시편은, '김춘수'라는 실재하는 시인을 꿈 속에서 만나 그의 한판 춤을 엿보는 구조로 짜여져 있다. 김춘수 시인은 화자의 꿈 속에서 "때때몸을 하고 어린 광대들 앞에서 초랭이춤"을 춘다. 그 외관은 "머리에 질끈 수건 동이고 춤은 이렇게 이렇게 추는 거라고 한쪽 다리 삐딱하게 들었다 내려놓으며 연속 동작"을 하는 광대의 그것과 일치한다. 그렇게 김춘수 시인은 화자의 꿈 속에서 원시의 육체성을 회복한 "한 열흘쯤 기른 수염 단 초랭이 얼굴을 하고" 춤을 춘다.

그래서 우리는 이 '꿈춤〔夢舞〕'의 형식이 박진형 시인이 근대적 이성을 반성적으로 극복하는 상상적 공간이며 첫 시집에서 발화한 "꿈꾸는 힘으로 버팅긴다."(「몸나무의 추억」)는 고백이 색다른 버전으로 구현되는 공간이라고 말할 수 있다. 그 '夢舞'의 힘으로 시인은 '몸經'으로서의 타자를 시 안쪽으로 불러들이기도 한다.

너를 내 안에 구겨넣고
부시럭거린다 한 백년쯤 부시럭거리다
내어놓으니 내 몸이 유등 연지다

삼천대천 물 속에 다 잠그고
달그락거리는 연밥처럼
몇 생을 걸쳐서도 다 읽지 못할
몸經인 너

두 손 감싸쥐어도
노래가 빠져나간
붉디 붉은 울음의 流燈 켜 들고
너는 거기 오래 서 있다
—「몸經인 너」 전문(『너를 숨쉰다』)

시편 안에서 호명되는 2인칭 타자는 '몸經'이라는 독특한 조어(造語)로 탄생한다. 시의 화자는 '몸經'을 자신의 육체에 구겨넣은 채 "한 백년쯤 부시럭거리다/내어놓"는다. 그때 화자는 자신의 육체가 "유등 연지"임을 발견한다. "삼천대천 물 속에 다 잠그고/달그락거리는 연밥"과 같이 "몇 생을 걸쳐서도 다 읽지 못할/몸經"으로서의 타자를 화자는 바라본다. "두 손 감싸쥐어도/노래가 빠져나간/붉디 붉은 울음의 流燈"을 켜든 채 오래 서 있는 타자를 아득히 바라만 보고 있는 것이다. 이러한 시상과 발화 방식은 그가 '몸'을 적극적 매개로 삼는 '퍼포먼스(performance)'로 나아갈 암시를 준다. 그래서 그는 세 번째 시집에서 이미 "나는 퍼포먼스에 빠져 있다. 21세기의 화두인 몸, 행위예술이란 바로 몸을 보여주는 예술이다. 지리멸렬한 일상으로부터의 일탈, 퍼포먼스는 일탈에의 욕망 때문에 그 어느 예술 장르보다 격렬하다."(「너라는 매혹의 시」, 『너를 숨쉰다』)라고 말한 것이다. '몸經'은 이제 박진형 시학 자체의 정체성을 구현하는 쪽으로 나아간다.

4

시에서의 전통 서정이나 리얼리즘에 대한 관심은, 주체가 세계를 전유하고 구성해가는 생성적 질서의 산물이었다. 이러한 주체의 확실성을 부정하고 해체하려는 움직임이 구체화된 것이 말하자면 각양각색의 포스트 담론이었을 것이다. 이는 그동안의 주류 시학에 대한 균형 감각 회복의 방편으로 제출된 것인데, 과학성과 합리성을 근간으로 하는 도구적 이성에 대한 반성적 화두를 던진 것이기도 하다. 이러한 미적 기획을 박진형 시인은 '몸'이 표현하고

'몸'이 스스로를 해체하는 '퍼포먼스'를 통해 집중적으로 보여준다. "박진형의 몸에 대한 관심 또한 생래적"(김선굉, 「헐렁한 자루 같은, 혹은 보자기 같은」, 『퍼포먼스』)이라고 갈파했던 어느 시인의 말은 그 점에서 적실성을 얻고 있다.

꽃이 새가 될 수 있다면
나무가 새가 될 수 있다면
돌멩이가 새가 될 수 있다면
땅따먹힌 땅이 새가 될 수 있다면
검은 비닐이 새가 될 수 있다면
오색 풍선이 새가 될 수 있다면
구름이 새가 될 수 있다면

자유가 자유를 그리워하듯
그대가 눈물뿐인 사랑을 끌어안듯
새가 비로소 새가 되듯
—「새가 되고 싶은 나」 전문(『퍼포먼스』)

사물의 무한 대체가 가능한 환유적 상상력이 빚어내고 있는 이 시편은, '꽃'이나 '나무'나 '돌'이나 '땅'이 '새'가 함의하는 비상과 자유의 에너지를 획득하게 되기를 열망하고 있다. 그야말로 정적(靜的) 소재들에게 동적(動的) 자유를 적극 환기하고 있는 것이다. 그러던 것이 '풍선'이나 '구름'처럼 반(半)동적인 사물들에게도 전이되어 “자유가 자유를 그리워하듯/그대가 눈물뿐인 사랑을 끌어안듯/새가 비로소 새가 되듯” 하는 열망을 순차적으로 이끌어오고 있다. 결국 이 시편은 시집 『퍼포먼스』를 전체적으로 규율하면서 “예술의 본질 가운데 유희 정신”(「반가사유하는 몸의 기호」, 『퍼포먼스』)이 어떻게 작동하는가를 선명하게 보여주고 있다. 강렬한 자유와 유희 정신으로 시를 구성하고 해체하고 있는 것이다. 이러한 자유와 해방의 정신은 시적 차원을 회복하려는 박진형 시인만의 방법론이 되고 있다.

자루 속에서
한 사내가 길을 꺼낸다
헐렁한 몸 속에서
줄줄이 달려나오는
오방색 길

피범벅인 노을이
생뚱스런 얼굴을 하고
발바리 한 마리 데리고
느릿느릿 지나간다
다리가 짧은 발바리가 따라간 길을
한 여자가 기억해 낸다

붉디 붉은 울음 구겨 들고

사내가 자루 속으로 들어간다
길의 끝에는 쉼없이 바람이 펄럭인다
다시 살아봐야겠다고
중얼중얼거리며
—「몸과 길」 전문(『퍼포먼스』)

여기서 '몸'과 '길'은 병치되기도 하고 한 개념으로 결속하기도 한다. 한 사내가 길을 꺼내는 '자루'는 그 "헐렁한 몸 속에서/줄줄이 달려나오는" 길과 등가이다. 그래서 "자루=몸"이라는 등식이 성립된다. 그 사내는 느릿느릿한 '길'을 지나 "붉디 붉은 울음 구겨 듣고" 자루 속으로 기어들어간다. 그 "길의 끝에"서는 바람이 불고 화자는 "다시 살아봐야겠다"고 중얼거린다. 물론 우리의 기억 속에는 프랑스 시인 발레리가 쓴 『해변의 묘지(Le cimetiere marin)』의 마지막 연 첫 행이 매우 인상적으로 남아 있다. 발레리는 "바람이 분다!…… 살아봐야겠다!(Le vent se leve! Il faut tenter de vivre!)"라는 유명한 구절을 통해, 비관주의자의 입지에서 벗어나려는 안간힘을 보여준다. 그리고 이어지는 구절을 통해 "세찬 마파람은 내 책을 펼치고 또한 닫으며,/물결은 분말로 부서져 바위로부터 굳세게 뛰쳐나온다./날아가거라, 온통 눈부신 책장들이여!/부숴라, 파도여! 뛰노는 물살로 부숴 버려라/돛배가 먹이를 쪼고 있던 이 조용한 지붕을!"이라고 노래하면서, 그는 바람과 파도가 일으키는 역동성을 통해 단단한 각질로 굳어져가는 일상에 창조적 균열을 일으킨 바 있다. 박진형 시인은 그 "바람이 분다"를 창조적으로 인유(引喩)하여, 일상적인 '길'을 뛰어넘어 새로운 생의 형식을 열어 보이고자 하는 열정을 동시에 표현하고 있다. 그 결과가 시집 『퍼포먼스』에 다양한 실험적 전위의 모습으로 나타난 것이다.

태국에서 온
츰뽕 아피숙은
오십줄의 사내
십분 무료 공연 위해
호주머니 탈탈 털어
비행기로 날아온 사내

놋날로 쏟아지는 빗발 뚫고
밀대 들고 바닥 청소한다
간간이 스며드는 불빛
찢겨진 비옷 따윈 아랑곳없이
보도블록 밀고 간다

온몸으로 온몸으로
生이 다 망가질 때까지

—「생이 다 망가질 때까지」 전문(『퍼포먼스』)

어떤 경제적 보상도 원치 않고 다만 육체성의 표현에 대한 열망 하나로 "태국에서 온/츰뽕 아피숙"이라는 사내는 "생이 다 망가질 때까지" 몸을 움직인다. 그의 움직임은 매우 생생하고도 세세한 묘사를 얻는다. 가령 "십분 무료 공연 위해/호주머니 탈탈 털어/비행기로 날아온 사내"는 "놋날로 쏟아지는 빗발 뚫고/밀대 들고 바닥 청소"하고 "간간이 스며드는 불빛/찢겨진 비옷 따윈 아랑곳없이/보도블록 밀고" 가면서 "온몸으로 온몸으로/生이 다 망가질 때까지" 계속 움직인다. 이때 그에게 생은 생성적으로 구성되는 어떤 것이 아니라, 해체되어 극단까지 나아가는 어떤 것이 된다. 이러한 속성이 시집 『퍼포먼스』를 관통하면서, 박진형 시인으로 하여금 시니피앙의 축제를 벌이게 하고, 몸의 물질성을 옹호하게 하고, 의미론적 엄숙주의에 균열을 내게 하고 있는 것이다. 그리고 우리가 또 한 가지 생각해볼 것은 박진형 시에는, '사내'가 많이 나온다는 점이다. 앞에서 살핀 예만 보더라도 '몸나무의 추억'을 가진 사내, 솜사탕을 파는 '중절모 쓴 사내', '생의 그늘까지 다 바친' 한 사내, '자루 속에서 길을 꺼내는' 한 사내 등이 줄곧 출현한다. 이러한 '사내' 형상은, 박진형 시인 자신의 모습을 새삼 환기한다. 그 '사내'들은 지쳐 있거나 어떤 속성을 결여하고 있는데, 시집 『퍼포먼스』는 그들을 일으켜 시의 강력한 유희적 자장으로 끌어들이고 있는 것이다.

5

가장 최근 시집이라 할 수 있는 다섯 번째 시집 『풀등』은, 여전히 시에서의 전통 서정이나 리얼리즘에 대한 관심을 넘어, 주체가 세계를 전유하고 구성해가는 상상적 질서를 더욱 확연하게 보여주는 의욕적 산물이다. 우리가 잘 알듯이, 주체의 확실성을 부정하고 해체하려는 움직임이 그 한 축이라면, 과학성과 합리성을 근간으로 하는 도구적 이성에 대한 반성적 화두를 던지는 것이 다른 한 축에 존재한다. 우리는 앞에서 박진형 시인이 이러한 미적 기획을 '몸'이 표현하고 '몸'이 스스로를 해체하는 '퍼포먼스'를 통해 집중적으로 보여준 것을 바라보았다. 그러한 집중력은 시집 『풀등』에서도 "끊임없는 질문의 시, 해답이 아닌 과정으로서의 시, 새로움 쪽으로 경사해가는 실험의 시, 해탈이 아닌 탈각의 시, 오래 속앓이하다 저절로 문드러진 발효의 시, 누군가의 가슴에 진동항아리로 남는 시"(「시인의 말」)를 꿈꾸면서 지속적 실험 의지로 나타난다. 하지만 우리의 기억에는 시집 표제작인 「풀등」이 보여주는 단단한 서정이 가장 돌올하게 남아 있다.

쉰일곱에 풀등이란 말 처음 알았다
모래등도 고래등도 곱등이도 아닌 풀등이라니

서해 앞바다 대이작도가 숨겨둔
일억만 년 고독을 견디며 들숨날숨이 만들어낸
신기루의 聖所

하루에 한 번 갈비뼈 열고
젖은 모래등 햇살에 널어말리는 혹등고래

타박타박 눈썹사막 걸어나온
풀등인 당신에게 기대어
한 生이 다 저물어도 좋겠다고

나직나직 말하는 여린 바다가 있다
—「풀등」 전문(『풀등』)

시인은 쉰일곱에 처음 들은 "풀등"이라는 말의 매혹을 떠올리면서 일억 만 년의 고독을 견디면서 들숨날숨이 만들어낸 "신기루의 성소"를 앞쪽에 전경화한다. 그 신기루 같은 당신에게 기대어 한 생 다 저물어도 좋겠다고 나직나직 말하는 여린 '바다'는 바로 시인 자신을 은유하는 것일 터이다. 그렇게 모래등도 아니고 고래등이나 곱등이도 아닌 '풀등'이라는 대상을 통해, 박진형 시인은 '섬'이 숨겨둔 보석 같은 사랑 하나를 꺼내고 있는 것이다. 물론 이 시집에는 「바코드 속의 생」, 「시 맛있게 먹는 일곱 가지 방법론」 등 끊임없는 질문의 시편들이 가득하지만, 표제작 『풀등』이야말로 사랑의 시편으로 오랫동안 회자될 가편이 아닐 수 없다. 다음 시편도 단형에 단아하게 담긴 서정이 아름답게 만져진다.

폭염주의보가 내려진
대성전 뜰에 孔子도 졸고 있다

두 손을 가지런히 모은 흰대리석상에
아름드리 으능나무 푸르른 햇살 아래
앉은뱅이 의자와 서른 송이 붉은 장미와
보자기에 싸인 울음덩어리 시집이 놓여 있는
한 사내가 백묵으로 쓰윽 그린
삐뚤빼뚤 세 개의 동그라미 속에
고양이가 앞발로 데리고 놀던
초록 그늘 아래 한나절은
어디 갔을까
—「초록 그늘 아래」 전문(『풀등』)

폭염이 내리는 한여름의 대성전 뜰, 모든 것이 멈추어 있는 듯한 풍경 아래서, 시인은 뭇 생명이 조화롭게 노닐던 "초록 그늘 아래 한나절"을 회상해본다. 그 순간의 절정은 어디로 갔을까? 그것은 공자도 햇살도 장미도 모두 한꺼번에 품고서 절정처럼 멈추어 있던 어느 한순간의 역동적 출렁임을 간직한 채, 사라짐의 비의(秘義)를 남긴 어느 한순간이었을 것이다. 이처럼 시집 『풀등』에는 근원적인 서정의 충동과, 실험적 어법의 확장 충동이 역동적으로 교차하고 결속하고 있다. 그러한 교차 역시 '몸'이 가지는 확연한 물질성과 함께 펼쳐지고 있는 것이다.

주지하듯, 원래 모든 시적 감정은 가치 있고 숭고한 방향으로, 균형과 조화를 이루는 방향으로, 심미적 효과를 이루는 방향으로 조직되어갈 가능성이 크다. 하지만 현대시에서는 그것이 비속성 그대로를 노출하기도 하고, 일탈과 부조화로 나아가기도 한다. 이때 시적 상상력의 새로움(novelty)이 중요한 관건으로 작용함은 말할 나위도 없을 것이다. 우리가 살핀 박진형 시인의 상상력은, 여러 음색의 새로움을 통해 우리 현대시의 이러한 복합성을 활달하게 증언하고 있다. 그 활력이 바로 '몸'이 견지하는 결핍과 충일의 내력을 충실하게 보여주는 것이다. 이러한 그가 보여준 '몸'이 세계를 전유하고 구성해가는 상상적 질서야말로, 우리 시대가 흘깃 지나칠 뻔했던, 허나 이제는 새롭게 응시하기 시작한 유력한 시적 표지(標識)라 할 것이다.

그림/박찬예

# 자전 연보(自傳 年譜)

본명 진환(晉煥), 호 여산(余山)

**1954년** 10월 3일 경북 경주시 서면 아화리 240번지에서 밀양인 박상도(朴相道)와 용궁인 전선이(全先伊) 사이에 2남1녀 중 막내로 태어나다. 8살에 아화초등에 입학하여 6학년 때 어린이 잡지에 실린 동시 「이슬」에 감전된 뒤 운명적으로 시에 이끌리다. 신라중학교에 진학하여 도서부에서 닥치는 대로 책을 읽다. 2학년 때 문예반에 들어가 시를 끄적이며 백일장에서 두루 상을 받고 꼬마시인 행세를 하다. 열차통학을 하면서 짜투리 시간에 문학 서적을 뒤적이며 학과공부를 등한시하다.

**1971년** 고교 입시에 실패한 뒤 제도권교육을 작파하기로 작정하다. 빈둥거릴 수만 없어 막 산업화로 이행되기 시작한 구미공단의 (주)한국폴리에스텔(주)에 입사하다. 낮에는 공장일에, 밤에는 기숙사 다다미방에 엎드려 〈풀과 별〉 〈현대시학〉 〈심상〉 〈시문학〉 등 시

전문지와 박목월전집, 서정주전집, 조지훈전집으로 본격적인 문학 수업을 시작하면서 신춘문예에 첫 도전장을 내다. 이 때의 경험이 《매일신문》 신춘문예작인 「어린왕자를 추억함」의 배경이 된다.

**1974년** 회사 소식지에 시를 발표하고, 회사 내 문우들을 만나 〈옥토(沃土)〉 동인을 만들다. 철필로 긁고 등사기로 밀어 〈옥토〉 창간호를 내고 기꺼워하면서 구미 역전다방에서 시화전을 열다. 고등학교 졸업 검정고시를 통과하고 구미생활을 접고 대구로 돌아오다. 헌책방을 뒤지며 시에 탐닉하다.

**1976년** 5월 시내 본영당서점에서 송재학, 이강일을 운명적으로 만나다. 대구문학판의 문학청년들과 어울리는 한편 동아백화점 청년시화전에도 참여하다. 여기에서 김원중, 박곤걸, 도광의, 박남훈, 권국명, 하청호 시인들을 만나다.

**1977년** 박곤걸 시인의 주선으로 이정환, 박진환, 조근일, 김경옥, 최석환이 〈순수년대〉 동인을 결성하고, 동인지를 펴내다. 이후 3집에 장지현, 서정윤이 가세하고, 4집을 끝으로 동인은 막을 내리다. 김경옥은 〈월간

문학〉으로, 이정환은 《중앙일보》 신춘문예에 시조로, 서정윤은 〈현대문학〉으로, 박진형은 《매일신문》 신춘문예로, 장하빈은 〈시와 시학〉으로 하나둘 등단의 통과의례를 거친다.

**1978년** KBS대구방송국에 구성작가로 입사하다. 일년 반 남짓 구어체의 상식투 방송원고를 쓰다가 염증을 느끼고 그만 둔 뒤 형설출판사로 자리를 옮기다. 대학교재와 학술서적 전문 출판사에서 다양한 출판일을 익히는 한편 독학사 국문학과를 수료하다.

**1983년** 5월 22일 전의인 이경숙(李敬淑)과 결혼하다. 두 살 터울로 소영('84, 사위 정석무, 외손자 정범준), 찬예('86), 재영('88) 등 1남2녀를 두다.

**1985년** 《매일신문》 신춘문예에 「어린왕자를 추억함」이 당선작없는 가작에 입선하다. 20년 남짓 신춘문예만 고집하다 겨우 턱걸이로 등단하다. 오랜 무능과 자책의 문청시절을 쓸쓸히 마감하다.

**1989년** 〈현대시학〉 10월호 '시를 찾아서'에 「길 속에서」 외 9편이 게재되어 중앙에 다시 선을 보이다. 1990년 〈오늘의 시〉 동인에 합류하다. 송재학, 장옥관, 엄원태, 정화진, 노태맹, 손진은 등과 7집까지 내고 유야무야되다. 이후 『오늘의 시 자선집(만인사, 2002)』으로 마무리하고 한 시대를 고하다. 취미생활로 난을 기르기 시작하다.

**1992년** 시오리(송재학, 엄원태, 서대현, 박진형, 장옥관, 김선굉, 조기현), 화오리(남춘모, 홍창용, 이수동, 이영철, 박병구, 김영대, 오세두)가 어울려 '묶인 말과 풀린 색전'을 두빛갤러리(1992), 예지화랑(1993), 갤러리큐(1994), 대우아트홀(1995), 동원화랑(1996)으로 이어지다.

**1994년** 첫시집 『몸나무의 추억』(민음사)을 출간하다. 12월 15년 남짓 몸담았던 형설출판사를 그만 두고, 대구시 중구 봉산동 235-11에서 편집전문회사 만인기획을 창업하다.

**1996년** 만인사를 등록하다. 1997년 4인시집 『머리를 구름에 밀어넣자』(만인사)를 출간하다. 시인 문인수, 김선굉, 박진형, 박기섭과 화가 이규목, 이영철, 홍창용, 권기철 등이 동원화랑에서 시와 그림전을 열다.

**2001년** '만인시인선'을 기획하고 이하석 『고령을 그리다』, 박주일 『물빛, 그 영원』, 이동순 『기차는 달린다』, 박진형 제2시집 『풀밭의 담론』 등 네 권을 선보이다. 대구시인협회 사무국장을 맡아 '시의 깃발을 올려라'를 기획하고 수성못 유람선 위에서 시의 날 행사를 펼치다.

**2004년** 조각가이며 행위예술가인 윤명국 등과 어울려 김천국제퍼포먼스아트페스티발에서 100여 편의 퍼포먼스를 보다. 여름 시마(詩魔)에 덮혀 '퍼포먼스' 시 50여 편을 쏟아내다. 〈현대시학〉 10월호에 퍼포먼스 신작시 15편이 집중 조명되다.

**2005년** 3시집 『너를 숨쉰다』(만인사)를 출간하다. 고령 박곡 별나무화실에서 문인수, 이하석, 김선굉, 박진형, 박기섭, 화가 이규목, 이영철, 권기철, 서예가 리홍재 등과 화첩퍼포먼스를 하고 놀다. 연장선상에서 「화첩 위에서 놀다」전을 예송갤러리(2006, 5), 수성아트피아(2011, 6)에서 펼치다.

**2007년** 4시집 『퍼포먼스』(만인사)를 출간하고 25회 대구문학상을 받다. 고령 내곡미술촌에서 출판기념 퍼포먼스를 펼치다. 2008년 만인시인선 30권 기념 『오리 시집』을 펴내고 대구 향교에서 출판기념행사를 하다. 시인 50여 명의 친필 사인이 든 '시인의 의자'를 완성하여 대구문학관에 기증하다.

**2012년** 5시집 『풀등』(만인사)을 출간하다. 〈작가〉가 선정한 오늘의 시집에 선정되다. 대구문화재단 '서정시 읽는 도시 대구' 예술감독을 맡아 서정시 콘서트, 찾아가는 시낭송회, 메일링 서비스, 대구서정시선집  등 다양한 시운동을 펼쳐 한국문화예술위원회 최우수 콘텐츠로 선정되다.

**2014년** 만인시인선 50권 기념시집 『서른 여섯 편의 사랑노래』를 엮었고, 회갑기념 시선집 『길은 헐렁한 자루 같다』를 펴내다. 일연·삼국유사 특별공로상을 받다. 30년 가까이 애란 생활을 하면서 월간 〈난과 생활〉에 '한국의 난시' 연재 중이다.

만인21세기포엠아트 2

# 길은 헐렁한 자루 같다

2014년 12월  5일 인쇄
2014년 12월 10일 발행

지은이 / 박 진 형
펴낸이 / 박 진 환

펴낸 곳 / 만인사
출판등록 / 1996년 4월 20일 제03-01-306호
주소 / 700-813 대구광역시 중구 명륜로 116
전화 / (053)422-0550
팩스 / (053)426-9543
전자우편 / maninsa@hanmail.net
홈페이지 / www.maninsa.co.kr



ISBN 978-89-6349-070-0  03810

500부 한정판

값 15,000원



* 이 도서의 국립중앙도서관 출판시도서목록(CIP)은 서지정보유통지원시스템 홈페이지(http://seoji.nl.go.kr)와 국가자료공동목록시스템(http://www.nl.go.kr/kolisnet)에서 이용하실 수 있습니다(CIP제어번호 : CIP2014034815).

# 만/인/시/인/선

1. **이하석** 시집 | 高靈을 그리다
2. **박주일** 시집 | 물빛, 그 영원
3. **이동순** 시집 | 기차는 달린다
4. **박진형** 시집 | 풀밭의 담론
5. **이정환** 시집 | 원에 관하여
6. **김선굉** 시집 | 철학하는 엘리베이터
7. **박기섭** 시집 | 하늘에 밑줄이나 긋고
8. **오늘의 시 동인** | 「오늘의 시」 자선집
9. **권국명** 시집 | 으능나무 금빛 몸
10. **문무학** 시집 | 풀을 읽다
11. **황명자** 시집 | 귀단지
12. **조두섭** 시집 | 망치로 고요를 펴다
13. **윤희수** 시집 | 풍경의 틈
14. **장하빈** 시집 | 비, 혹은 얼룩말
15. **이종문** 시집 | 봄날도 환한 봄날
16. **박상옥** 시집 | 허전한 인사
17. **박진형** 시집 | 너를 숨쉰다
18. **정유정** 시집 | 보석을 사면 캄캄해진다
19. **송진환** 시집 | 조롱당하다
20. **권국명** 시집 | 초록 교신
21. **김기연** 시집 | 소리에 젖다
22. **송광순** 시집 | 나는 목수다
23. **김세진** 시집 | 점자블록
24. **박상봉** 시집 | 카페 물땡땡
25. **조행자** 시집 | 지금은 3시
26. **박기섭** 시집 | 엮음 愁心歌
27. **제이슨** 시집 | 테이블 전쟁
28. **김현옥** 시집 | 언더그라운드

29. **노태맹** 시집 | 푸른 염소를 부르다
30. **이하석 외** | 오리 시집
31. **이정환** 시집 | 분홍 물갈퀴
32. **김선굉** 시집 | 나는 오리 할아버지
33. **이경임** 시집 | 프리지아 칸타타
34. **권세홍** 시집 | 능소화 붉은 집
35. **이숙경** 시집 | 파두
36. **이익주** 시집 | 달빛 환상
37. **김현옥** 시집 | 니르바나 카페
38. **도광의** 시집 | 하양의 강물
39. **박진형** 시집 | 풀등
40. **박정남 외** | 대구여성시 20인선집
41. **박기섭** 시집 | 각북 근간
42. **윤성도** 시집 | 고통과 함께 잠들다
43. **권운지** 시집 | 갈라파고스
44. **김연대** 시집 | 아지랑이 만지장서
45. **윤희수** 시집 | 정곡
46. **김상윤** 시집 | 슈뢰딩거의 고양이
47. **박지영** 시집 | 검은 맛
48. **박영교** 시집 | 춤
49. **이정환** 엮음 | 현대여성시조 21인선집
50. **박진형** 엮음 | 서른 여섯 편의 사랑노래
51. **이하석** 시집 | 다시 高靈을 그리다 근간
52. **백점례** 시집 | 버선 한 척
53. **김호진** 시집 | 근간
54. **조금숙** 시집 | 소수언어박물관
55. **김현옥** 시집 | 근간